AF230543

LA
QUESTION DU TONKIN

PAR

Olivier MARTELLIÈRE

Licencié en droit
Capitaine d'Infanterie de Marine
Ancien Administrateur des Affaires indigènes en Cochinchine
Ancien Résident de France au Tonkin

NOVEMBRE 1885.

PARIS

E. DENTU, LIBRAIRE-ÉDITEUR
PALAIS-ROYAL, 15, 17, 19, GALERIE D'ORLÉANS

1886

LA QUESTION DU TONKIN

LA

QUESTION DU TONKIN

PAR

Olivier MARTELLIÈRE

Licencié en droit
Capitaine d'Infanterie de Marine
Ancien Administrateur des Affaires indigènes en Cochinchine
Ancien Résident de France au Tonkin

NOVEMBRE 1885.

PARIS

E. DENTU, LIBRAIRE-ÉDITEUR

PALAIS-ROYAL, 15-17-19, GALERIE D'ORLEANS

—

1886

LA QUESTION DU TONKIN

CONSIDÉRATIONS GÉNÉRALES

La question du Tonkin a, depuis trois années, soulevé de nombreuses polémiques ; pendant la période électorale, elle a été la plate-forme des partis hostiles ; mais jusqu'à ce jour, aucune solution pratique n'a été mise en avant.

Au moment où les Chambres se réunissent, où le cabinet se trouve mis en demeure de présenter aux représentants du pays un projet d'organisation des contrées que nos troupes ont si vaillamment conquises, nous croyons pouvoir proposer un moyen de sortir de la situation embarrassée dans laquelle le pays se trouve engagé.

Nous n'avons pas la prétention de croire que le projet d'organisation que nous proposons soit le seul bon ; mais il est le résultat de dix années d'expériences d'un fonctionnaire, soit en Cochinchine, soit au Tonkin ; et, la connaissance de la langue, des mœurs et des coutumes des Annamites que nous y avons acquise, nous permet d'espérer que nos idées en cette matière seront prises en considération.

Trois solutions sont préconisées :

La première, c'est l'évacuation pure et simple du Tonkin.

Trois
tions.

La seconde, la continuation des opérations militaires et l'établissement du Protectorat.

La troisième, l'occupation limitée aux provinces du Delta.

Nous allons les examiner.

'évacua- L'Évacuation pure et simple du Tonkin, après les sacrifices en hommes et en argent qu'il a occasionnés depuis trois ans, ne nous paraît pas mériter une discussion sérieuse. Ce serait l'abandon et le massacre de tous les chrétiens ou des autres partisans qui ont embrassé la cause française depuis notre arrivée.

Ce serait reconnaître notre impuissance à conserver et administrer un pays dont la possession nous a paru devoir être une source de richesses pour la Métropole, comme si nous n'occupions pas déjà la Cochinchine, et comme si nous n'avions pas un seul homme ayant la connaissance des mœurs et de l'organisation sociale d'un peuple au milieu duquel nous vivons depuis près de trente années. Qu'on ne l'oublie pas, évacuer le Tonkin maintenant, c'est la perte totale de notre influence en Extrême Orient, la diminution de notre prépondérance en Europe et certainement le renoncement prochain à notre possession de la Cochinchine, où nous verrions les nations Étrangères nous remplacer.

Extension La continuation des opérations militaires et l'établisse-
onquête. ment du Protectorat nous paraissent sinon impossibles, tout au moins fort difficiles.

Remonter à Lao-kaï, qui est à 160 kil. de Hong-hoà, au milieu d'un pays montagneux, boisé, sans voies navigables, sans routes, dans une contrée pauvre et presque abandonnée; tenter de reprendre pour la troisième fois Lang-son et nous y établir nous paraissent une entreprise dangereuse et inutile.

Il nous faudrait, pour obtenir ce résultat en quelques années, et peut-être ne pourrions-nous y arriver, faire des sacrifices d'hommes et d'argent que le pays ne peut supporter et qui dépasseraient peut-être ceux déjà faits.

L'inutilité d'une pareille entreprise ne fait plus doute aujourd'hui pour personne, car nous savons maintenant que cette grande voie navigable du fleuve Rouge dont on nous a tant parlé et pour laquelle on a entrepris l'expédition du Tonkin, est un fleuve à fonds bas pendant six mois de l'année et un torrent dangereux pendant la saison des pluies.

Cette fameuse route commerciale qui doit amener sur nos marchés et sur celui de Hong-kong, les produits du Yunnam, existe déjà, mais elle ne passe pas par le Tonkin, elle est suivie par les Célestes, soit en Chine par une route passant dans les provinces du Quan-si et du Quan-tong, au delà de la frontière du Tonkin et aboutissant à Canton, soit dans le Laos par la vallée du Song-ma, débouchant en Thanh-hoà. Avoir la prétention de détourner ce courant commercial établi depuis de longues années par le peuple le plus commerçant du monde entier, nous semble la plus grande utopie économique.

L'occupation limitée aux seules provinces du Delta nous paraît le seul projet susceptible de succès.

Le but de cette étude est de le démontrer.

Notre travail se divisera en deux parties. Dans la première, nous étudierons :

La situation que nous a créée au Tonkin l'établissement du Protectorat par le traité du 6 juin 1884;

Le résultat que nous avons obtenu depuis deux ans;

Et enfin nous présenterons en quelques pages l'état actuel

des provinces du Delta que nous désirons voir occuper et administrer directement, en nous substituant aux mandarins annamites.

Dans la deuxième partie, nous proposerons les moyens d'organiser une administration nouvelle dans ce pays et ceux que nous ont donné l'expérience de la Cochinchine pour en tirer le meilleur parti possible.

PREMIÈRE PARTIE

SITUATION ACTUELLE

Le traité du 6 juin 1884, signé par M. Patenôtre, apportait de profondes modifications au traité signé par M. Harmand, le 23 août 1883. Traité juin 1884.

La plus importante portait sur les cessions de territoire.

Ce traité du 23 août 1883 séparait le Tonkin de l'Annam proprement dit, et le plaçait sous notre Protectorat effectif; le Binh-Thuan était annexé à la Cochinchine française.

Par la convention de 1884, le Binh-Thuan était rendu à l'Annam, ainsi que les trois importantes provinces du Thanh-Hoa, Nghéan et Hatinh.

Cette rétrocession de ces trois provinces qui, géographiquement, appartiennent au Tonkin, ne peut être que funeste à notre action dans le Delta; ce sont les contrées les plus remuantes du pays et le berceau de la famille royale. C'est dans le Thanh-Hoa qu'ont commencé les massacres contre les missionnaires et les chrétiens. Il est d'absolue nécessité, suivant nous, de revenir aux stipulations du traité Harmand. N'oublions pas que c'est dans la province du Thanh-Hoa qu'aboutit la route commerciale qui vient du Yunnam par Rétroces[sion] des trois [pro]vinces [de] Thanh-H[oa] Nghe-Au e[t Ha]tinh. Nécessit[é de] les occupe[r] la vallée du Sung-Ma ; et que les vallées qui traversent de l'est à l'ouest ces provinces ouvrent, d'après les récentes explorations du docteur Neiss (1), les voies de communication directes du golfe du Tonkin vers la vallée du Mekong, aboutissant à Luang-Prabang, point central d'une importance politique et commerciale exceptionnelle.

Ces trois provinces, par la nature de leur sol, seront, dans un avenir prochain, un centre d'approvisionnement pour le Tonkin, en bœufs et chevaux du pays. C'est dans les forêts de ces provinces seulement que nous trouverons les *essences* nécessaires à nos besoins ; car les forêts des provinces du Nord restent au delà de la frontière du Delta que nous voulons occuper. Les salines qui alimentent tout le Tonkin et le Yunnam, et qui doivent être la source d'un revenu important pour nous, sont dans les provinces du Thanh-Hoa et du Nghéan.

L'exercice du Protectorat était confié à un Résident général installé dans la citadelle de Hué, et nos Résidents provinciaux avaient le droit d'occuper, avec leurs escortes, l'intérieur des citadelles, où résident les mandarins provinciaux supérieurs.

Le sceau impérial Chinois donné autrefois à Gia-Long, signe de la vassalité des Annamites à l'égard de l'empire du Milieu, était remis à notre envoyé extraordinaire et fondu.

Les événements qui se sont succédé depuis ce traité nous ont montré le cas que les mandarins Annamites comptaient faire des engagements pris envers nous.

Au mois de juillet 1884, le jeune roi d'Annam Kien-Phuoc, qui avait signé le traité du 6 juin, mourait, empoisonné par Nguyen-Van-Tuong, qui élevait sur le trône le frère du défunt, un enfant de quatorze ans, sous le nom d'Am-Nghi.

(1) Rapport de M. Eug. Ténot, annexe à la séance du 21 octobre 1884.

Cette élévation d'un nouveau prince au trône, sans le concours de notre Résident à Hué, qui n'en fut informé que par la rumeur publique, était de la part de Tuong une violation du nouveau traité. Des ordres de soulèvement étaient envoyés dans le Binh-Thuan et dans le Thanh-Hoa, et au lieu de désavouer les agissements du maréchal Hoang-Ké-Viem et de Luu-Vinh Phuoc, chef des Pavillons-Noirs, titulaire du grade de dê-doc (général), la cour leur faisait parvenir des secours en hommes, argent et munitions. Une nouvelle citadelle, qui devait servir plus tard à Thuyet pour y faire réfugier le jeune roi, était construite à Cam-Lo, dans la province de Quang-Tri.

Les nominations faites par l'amiral Courbet dans la province de Ninh-Binh n'étaient pas respectées et les régents nous imposaient la nomination de créatures à leur dévotion.

En un mot, toutes les clauses du traité étaient impudemment violées.

Une des clauses de ce traité attribuait à la France une quotité proportionnelle dans les impôts perçus; le régime des douanes et les régies d'opium et d'alcool de riz nous étaient réservées.

Dix-huit mois se sont écoulés, quels résultats avons-nous obtenus et retirés de notre protectorat? Aucun.

La Cour, comme nous l'avons dit plus haut, n'a tenu aucun de ses engagements à notre égard, et le guet-apens de Hué préparé de longue main, a placé le pays dans un état d'anarchie dont il nous sera difficile de le tirer.

Les produits des douanes établies par nous dans le Delta ont été presque insignifiants, et n'ont guère été alimentés que par le corps expéditionnaire.

L'impôt sur l'opium, de 65 fr. par boule brute, n'a produit que des recettes dérisoires et a encouragé la contrebande par le Thanh-Hoa et le Yunnam. Les douanes provinciales qui devaient être abolies par la Cour dans l'Annam et le Tonkin, ont été rétablies sous nos yeux et sont devenues une source de vexations et d'impôts nouveaux pour le commerce intérieur.

Les Annamites, que leur intérêt poussait vers nous, se sont peu à peu éloignés en voyant nos tergiversations. L'influence que nos fonctionnaires, installés par M. le commissaire général Harmand, avaient su gagner au milieu de la population annamite, a peu à peu disparu.

A l'instigation des mandarins indigènes, et peut-être de la Chine elle-même, des bandes de pirates et de rebelles se sont joints aux Pavillons-Noirs. A la faveur de l'anarchie qui régnait dans le pays, où aucune autorité ne se faisait sentir, des villages entiers se sont mis en révolte ouverte. Les mécontents, les gens sans aveu et ceux que la guerre avait ruinés, se sont joints aux bandes de rebelles soldées par la cour et ont fait cause commune avec elles. Des missionnaires, des chrétiens ont été massacrés, des villages brûlés ou détruits.

Et les provinces du Delta, que nous avions conquises par la force de nos armes et la sagesse de nos Résidents, sont complétement soulevées.

Pouvons-nous sortir ce malheureux pays de la situation critique dans laquelle nos fautes l'ont plongé et lui rendre la paix et la tranquillité? Nous le croyons. Mais, qu'on le sache bien, c'est autant par une bonne administration civile que par la bravoure de nos soldats que nous y parviendrons.

Ce qui a manqué jusqu'ici, et ce que nous croyons absolument nécessaire, c'est l'unité de direction et d'action dans les conseils du gouvernement, et l'unité d'exécution dans les régions lointaines dont nous voulons diriger les destinées.

La direction, que le Gouvernement a conféré tantôt au ministère de la guerre, tantôt au ministère de la marine, tantôt enfin au ministère des affaires étrangères, a eu un résultat des plus fâcheux, aussi bien pour notre influence en Extrême Orient, que pour notre situation politique en Europe.

Il est incontestable que si le Ministre des affaires étrangères, Président du conseil, au ministère duquel il serait à désirer de voir adjoindre le bureau des colonies, eût pu donner à notre politique une direction unique, certains événements d'une gravité exceptionnelle qui se sont produits dans notre possession de la Cochinchine, il y a près de dix-huit mois auraient été *différés*.

Avant d'aborder la deuxième partie de ce travail et d'indiquer comment nous entendons organiser l'administration des provinces du Delta, nous croyons utile de donner un aperçu de l'organisation actuelle, tant au point de vue administratif, judiciaire et militaire, qu'au point de vue de l'instruction publique.

ORGANISATION INDIGÈNE DES PROVINCES

Il ne peut être question de supprimer arbitrairement un régime fondé sur les mœurs des Annamites et sanctionné par une expérience vingt fois séculaire.

C'est à nous à profiter de l'organisation que nous trouvons établie, quelqu'opinion que nous ayons de ses imperfections, il importe donc de nous rendre un compte exact de cette organisation.

Le Tonkin est divisé en dix-sept provinces, sept de 1ʳᵉ classe et dix de 2ᵉ classe; chaque province de première classe est placée sous l'autorité d'un Gouverneur-général (*Tong-doc*) et celles de seconde classe sous l'autorité d'un Gouverneur (*Tuan-phu*).

La province se divise en Préfectures (*Phu*), administrées par un *Quan Phu*.

Les Préfectures en sous-Préfectures (*Huyen*), administrées par un *Quan Huyen*.

Chaque sous-préfecture ou arrondissement se subdivise à son tour en cantons (*Tong*) et les cantons en communes (*Thon ou Xa*).

Tong-Doc Tuan-Phu.

A la tête de toutes les provinces de 1re classe (Hanoi, Namdinh, Haidzuong, Sontay, Bac-Ninh, Thanh-Hoa et Nghean) est un gouverneur général ou *Tong-doc*, mandarin de 1re classe, 2e degré, ayant sous ses ordres :

Un *Quan bo* ou *Bo chanh*, chef du service administratif et financier, mandarin de 1re classe, 3e degré.

Un *Quan an* ou *An sat*, chef du service judiciaire, mandarin de 1re classe, 4e degré.

Un *De dôc*, général, commandant les milices provinciales, mandarin de 1re classe, 3e degré.

Un *Lanh-binh*, colonel, commandant une subdivision de la milice, mandarin de 2 classe, 3e degré.

Enfin un *Doc-hoc*, directeur des études de la province, mandarin de 2e classe, 4e degré.

Le Gouverneur général d'une province de 1re classe ou *Tong-doc* est directeur général de tous les services civils et militaires de la province. Il a la surveillance de la province de seconde classe, dirigée par un *Tuan phu*, mandarin de 2e classe et du 2e degré. Tous les deux ont la correspondance politique avec la Cour. Le *Tuan phu* n'est nullement sous les ordres du *Tong-doc*. Dans certains cas, le *Tuan phu* peut recevoir des ordres de son Tong-doc, mais seulement pour les mesures urgentes, comme une action militaire commune pour réprimer une révolte.

Tous les rapports à envoyer aux divers ministères de la

capitale, par les chefs des services de la province, sont faits au nom du *Tong-doc* ou du *Tuan phu*.

Les affaires particulières à la province sont soumises à l'approbation du Gouverneur.

En aucun cas, les *Quan bo* ou *Quan an* ou *De doc* ne correspondent directement avec les Ministres ; toutes leurs pièces doivent être revêtues du cachet du Gouverneur.

Le *Quan bo* ou *Bo chanh* centralise et organise les services administratifs et financiers de la province, assiette de l'impôt, recettes, dépenses, établissement des rôles, surveillance des magasins de l'État, instruction publique, travaux publics, personnel, service des courriers, etc., etc. Le *Quan bo* est aidé dans l'administration provinciale par les *Phus* et les *Huyens*.

Centraliser entre les mains du même fonctionnaire les affaires relatives à la politique intérieure, à l'établissement des impôts, au recrutement et entretien des troupes, aux rites, aux travaux publics, peut paraître contraire à nos idées françaises sur l'administration ; néahmoins, nous y reconnaîtrons de grands et de réels avantages et entre autres celui de ne pas multiplier les fonctionnaires et surtout les conflits.

Le *Quan-an* ou *Quan-an-sat* est chef du service judiciaire de la province, toujours sous la direction du *Tong-doc* ou *Tuan phu*.

Son tribunal est le deuxième degré de juridiction, la Cour d'appel ; les tribunaux des phus et huyens, représentant le premier degré ou tribunal de première instance.

« Les affaires civiles, dit M. Luro, dans *le Pays d'Annam*, doivent être d'abord jugées en conciliation par les chefs de famille, les notables des municipes ou les chefs de canton. Il en est de même pour les délits sans importance. Toute affaire civile dans laquelle les parties n'ont pas voulu déférer à la sentence des juges précités est portée devant les tribunaux de l'État du premier degré ; c'est-à-dire devant les sous-Préfets (*Huyen*) et les Préfets (*Phu*). L'affaire est jugée en conciliation par le Préfet et le sous-Préfet compétent, qui se contente de dire le droit. Mais si, ayant entendu le droit, l'une des parties refuse de s'y soumettre, l'action civile se transforme en action répressive. (En matière immobilière, la situation de l'immeuble régit la compétence et en matière mobilière, le demandeur suit le tribunal de la résidence du défendeur.) Dans les idées Annamites, en effet, par cela seul qu'une partie n'acquiesce pas à la sentence du juge, rendue en conciliation suivant la coutume, elle soutient implicitement que la partie adverse a commis envers elle un délit, dont la nature varie, suivant celle des droits attachés à cet objet. Elle l'accuse donc d'avoir porté atteinte au droit qu'elle revendique. Or, l'atteinte au droit d'autrui, de quelque nature qu'elle soit, est une injustice, et comme toute injustice mérite d'être punie, elle poursuit devant le juge la punition de cette injustice et la réparation de ses conséquences.

» Ainsi, toute affaire civile pour la législateur Annamite contient en germe une accusation au criminel. Si l'on soutient cette accusation, il faut la prouver, sous peine d'être puni pour plainte mal fondée, calomnie ou toute autre cause prévue par le Code.

» En fait, l'affaire en conciliation est présentée par l'une des parties devant le tribunal du Préfet (*Phu*), ou du sous-Préfet (*Huyen*), sous forme de supplique écrite, exposant les faits, priant l'autorité d'examiner l'affaire et de faire droit à l'opprimé.

» Le Préfet ou sous-Préfet, après avoir fixé l'audience, y avoir entendu les parties et examiné en leur présence les moyens de preuves de chacune d'elles, écrit le droit sur la plainte qui lui est présentée. Si l'une des parties ne se soumet pas à la sentence, l'affaire se transforme en affaire répressive, et entraîne, après une instruction conforme aux prescriptions du Code, la condamnation de l'un des deux adversaires et la réparation de l'injustice commise.

» Les affaires entraînant condamnation à la peine du bâton ou à des peines plus graves, sont jugées, en premier ressort seulement, par les *Phus* et *Huyens*, dont les tribunaux constituent le premier degré de juridiction de l'État. Ces mêmes affaires sont jugées en appel ou revision, en premier ou dernier ressort par le Lieutenant criminel (*Quan-an-sat*), selon que la condamnation dépasse ou ne dépasse pas la peine du bâton. Le tribunal du *Quan-an-sat* est le deuxième degré de juridiction.

» Les affaires emportant condamnation aux peines du travail pénible, à l'exil ou à la peine de mort, sont revisés, en premier ressort seulement, par le Lieutenant criminel. Rédigés dans ses bureaux, mais établis au nom du Gouverneur de la province, les jugements sont envoyés au ministère pour être soumis à une deuxième revision avant d'être présentés à la sanction suprême du Chef de l'Etat : c'est le troisième degré de juridiction.

» Cette manière singulière de ne voir dans le droit civil qu'un corollaire du droit pénal est une conséquence de la haine séculaire du Législateur Chinois pour les gens de chicane. Aussi, pas d'avocat, et par contre, pas de Ministère public, dans les tribunaux Annamites. Seuls, les enfants, les femmes et ceux qui sont empêchés par des motifs légitimes peuvent se faire représenter en justice par un mandataire de leur famille.

» En principe, chacun doit exposer sa propre affaire, dire la simple vérité. C'est ensuite au juge qu'incombe le devoir de vérifier les faits, de dégager la vérité de droit qui en résulte, et de rendre la sentence en conséquence.

» La justice étant d'ailleurs gratuite, c'est la crainte de la peine seule qui empêche les instances de se multiplier.-Il n'existe donc, à proprement parler, que des tribunaux correctionnels ou criminels chez les Annamites, puisque sur deux plaideurs, il y a presque toujours un coupable. »

Les peines appliquées aux délits d'origine civile sont relativement légères.

Nous croyons qu'un exemple fera mieux comprendre la marche des affaires.

Un vol à force ouverte a été commis, la nuit, au village de Phuc-nhac, canton de Yen-Khanh, Huyen de Kim-Son, province de Ninh-Binh.

Les voleurs ont été arrêtés par le village responsable de la police de son territoire et conduits devant le Huyen de Kim-Son. Ce magistrat entend le rapport des Notables du village et s'assure de la personne des prévenus. Il informe immédiatement le Quân-ân par lettre de ce qui vient de se passer dans son arrondissement. Aussitôt qu'il le peut, le Huyen commence l'information de l'affaire, conformément à la loi : il entend les témoins en présence des accusés et leur fait lire et signer leurs dépositions.

Il interroge les accusés et leur fait lire également et signer le procès-verbal de leur interrogatoire.

Enfin, il rend son jugement en donnant lecture du texte de la loi qu'il applique.

Cela fait, il réunit les dépositions des témoins, les interrogatoires et termine son rapport par la sentence rendue, puis il envoie ce jugement et les accusés au Quân-ân.

Celui-ci interroge à nouveau, témoins et accusés, et refait l'instruction, soit parce que les coupables ont fait appel de la sentence prononcée contre eux, soit parce qu'il y a lieu de reformer le jugement dans l'intérêt de la loi.

Puis, il rédige un jugement en trois expéditions, contenant le résumé de tous les interrogatoires et dépositions, le jugement du Huyen et l'énonciation de la loi appliquée.

Le rapport original du Quân-àn reste aux archives de la province ainsi que le jugement et les dossiers envoyés par le Huyen, auquel le Quân-àn fait renvoyer une expédition avec l'indication sommaire de la nouvelle sentence.

Nous sommes obligés de reconnaître que dans la pratique les choses ne se passent pas aussi correctement que nous venons de le décrire. La loi Annamite punit le juge qui a fait une fausse application de la loi; il en résulte que le Huyen, dans la crainte de se tromper, ne rend point de jugement avant d'avoir consulté le Quân-àn. C'est évidemment une sorte d'annihilation d'un degré de juridiction.

Le Quân-àn a sous ses ordres un *Kinh-lich*, mandarin de 2° classe, 6° degré, chargé de la direction de ses bureaux, et le nombre d'employés nécessaires à assurer le service.

Le service des *Trams ou Courriers* est également dans ses attributions. Ce service, qui sert seulement aux besoins de l'État, fonctionne avec la régularité la plus parfaite, et c'est grâce à ce service si bien organisé que nous avons pu, en Cochinchine pendant vingt ans et au Tonkin, six mois après l'installation des résidences, faire fonctionner le service des postes.

Les hommes de ce service des *Trams*, qui se fait soit à cheval, soit à pied, soit en jonques, sont fournis par les villages où sont installés les relais sur la route Royale. Ces villages sont exempts du service de la milice.

Le *Dé-Doc*, général commandant les milices provinciales, a sous ses ordres un *Lanh-binh*, mandarin de 1re classe, 3° degré, assisté d'un *Pho-lanh-binh* (2° classe, 3° degré). Dans les provinces de second ordre, le *Lanh-binh* a seul le commandement militaire de la province. Tous sont sous les ordres du *Tong-doc* ou *Tuan-phu*. Ainsi, à Nam-Dinh, Hanoï, Bac-Ninh, il y a un *Dé-doc* ; à Hung-yen, Ninh-Binh, au contraire, il n'y a qu'un *Lanh-binh*, assisté d'un *Pho-lanh-binh*. Nous n'insisterons pas sur l'organisation de l'armée Annamite, ce qui nous ferait sortir du cadre que nous nous sommes tracé. Pour connaître cette organisation fort curieuse, nous engageons nos lecteurs à lire le résumé fort bien fait qui est donné par M. le capitaine Bouinais, dans son remarquable ouvrage, l'*Indo-Chine française contemporaine*.

A l'occasion des Mandarins militaires, nous devons faire remarquer que ces derniers, d'un grade inférieur dans le mandarinat, sont toujours placés sous les ordres des mandarins civils.

Leur recrutement, excepté dans les hauts grades, ne se fait point parmi les lettrés. C'est à la suite d'examens où les exercices du corps sont seuls appréciés.

Enfin, un *Doc-hoc*, mandarin de 1re classe, 4e degré, est directeur des études de la province, professeur payé par l'État, pourvu du grade de Docteur ès-lettres ; quand nous traiterons de l'instruction publique, nous examinerons avec plus de détail le rôle de ce mandarin.

Nous venons d'examiner sommairement les fonctions des grands mandarins provinciaux, ceux que nous voudrions voir disparaître et remplacer par des fonctionnaires Français, en modifiant, bien entendu, leurs attributions. Il nous reste à étudier le rôle des fonctionnaires d'un rang moins élevé, les *Phus* et les *Huyens*, ceux que nous désirons voir conserver dans notre organisation future.

Nous l'avons déjà dit, la province est subdivisée en *Phus* ou *Préfectures*, et chaque Préfecture en *Huyens* ou sous-Préfecture.

A quelques exceptions près, chaque Phu comprend deux *Huyens* ; le premier, celui où réside le Quan-Phu, est administré par ce fonctionnaire lui-même ; le second, sous la surveillance du Phu, est administré par un *Quan-Huyen*.

Le *Quan-Phu*, mandarin de 2ᵉ classe, 3ᵉ degré, est payé par l'Etat et habite un petit fort, appartenant à l'Etat, où sont installés ses bureaux. Il est nommé par le Roi, sur la proposition du Gouverneur de la province. Généralement, il est choisi parmi les employés des bureaux du *Quan-bo* ou du *Quân-an* ; c'est ordinairement le *Tong-phan* ou le *Kinh-lich* qui sont présentés. Il arrive quelquefois qu'il est choisi parmi les huyens d'une province voisine. Tous ces fonctionnaires sont pourvus de grades universitaires. (*Tu tai*, bachelier ; *Cu nhon*, licencié ès-lettres.)

Il remplit à l'égard du Huyen le rôle que remplit le Tong-doc à l'égard du Tuân-phu.

Les justiciables s'adressent au Phu directement lorsque ce dernier habite un des Huyens de son Phu ; les autres, qui habitent dans le second Huyen, s'adressent directement au Quan-Huyen qui l'administre.

Pour la justice, le Phu est le juge de 1ʳᵉ instance ; le Huyen est son délégué, comme le *Quan-an* est le délégué du *Tong-doc* au chef-lieu de la province.

Le *Quan-Huyen*, mandarin de 2ᵉ classe, 6ᵉ degré, est nommé par le Roi sur la proposition du Gouverneur de la province, comme le Quan-Phu, et est rétribué par l'Etat. Il est ordinairement choisi parmi les lettrés ayant un grade universitaire et remplissant déjà une fonction dans l'administration, comme celle de directeur des études dans un Phu ou un Huyen.

Ses attributions sont les mêmes que celles du Phu au point de vue de la justice ; c'est le juge du 1ᵉʳ degré et délégué du Quan-Phu.

Il ne reçoit des ordres du Phu que lorsqu'il a à traiter une question commune intéressant tout le territoire de la préfecture.

Le rôle administratif des Quan-Phus et des Quan-Huyens est d'assurer la répartition de l'impôt et de presser sa rentrée ; de provoquer les nominations ou mutations du personnel ; encourager l'instruction publique ; entretenir les voies de communication ; remplir les cérémonies rituelles et rendre la justice.

L'organisation administrative indigène, telle que nous venons de la décrire, n'offre pas, suivant nos idées Européennes, toutes les garanties que nous exigeons de nos fonctionnaires, mais elle répond aux besoins des peuples pour lesquels elle a été créée.

On a reproché, et non sans raison, aux mandarins Annamites, leurs exactions et leurs concussions, et, partant de là, on s'est imaginé des satrapes vivant au milieu de palais remplis de richesses. Il y a là une exagération qu'il convient de ramener à la réalité.

Le mandarin Annamite est rétribué d'une façon dérisoire, — un *Tong-doc*, Gouverneur de province, reçoit une solde annuelle de 250 ligatures de sapèques de zinc, 200 vuong de riz et 50 ligatures pour l'habillement, soit, en argent, 222 fr. 50 c. et 7.622 litres de riz ; en plus, il est logé et ses serviteurs sont payés par l'État. Un *Quan Huyen* touche 31 ligatures et 22 vuong de riz, environ 23 francs par an et 838 litres de riz. Il est incontestable qu'avec de pareilles soldes il leur est difficile de vivre convenablement, eux et leur famille. La conséquence forcée est la concussion. Non pas que le mandarin Annamite dilapide les fonds de l'État, la surveillance et le contrôle sont trop rigoureux pour qu'il puisse y songer ; mais il est des moyens plus simples, et surtout celui-ci : ne remplir aucun des devoirs de sa fonction sans avoir reçu au préalable une somme d'argent proportionnée tant à l'importance de l'affaire qu'il doit traiter qu'à l'importance de sa fonction.

Mais comme la loi Annamite a prévu la concussion et qu'elle la réprime très rigoureusement, le mandarin Annamite ne reçoit de cadeaux que par des intermédiaires dévoués, sa femme ou ses serviteurs, et il est rare que la Cour puisse prouver les concussions dont il est accusé. En somme, ils sont peu riches, et lorsque l'un d'eux dépasse la mesure ordinaire, les délations dont il devient l'objet auprès des Ministres l'obligent à calmer leurs scrupules par des dons qui absorbent souvent la moitié de sa fortune.

Si la Cour payait mieux ses fonctionnaires, dira-t-on, peut-être arriverait-elle à obtenir de la part de ceux-ci plus d'intégrité et de probité. Nous ne le croyons pas; l'expérience que nous en avons faite en Cochinchine nous prouve que, même en les rétribuant d'une façon fort convenable, ils continuent à recevoir des cadeaux, malgré la surveillance dont ils sont l'objet. Ce n'est pas en vingt-cinq ans que nous arriverons à modifier des idées dont les racines plongent dans un passé de plus de deux mille ans.

Ce que nous avons de mieux à faire à leur égard, c'est de reprimer des abus trop criants et, pour le reste, de fermer les yeux.

Ces fonctionnaires, dont nous venons de parler, sont tous rétribués par l'Etat et nommés par le Roi ou par ses délégués, les gouverneurs de provinces.

Les Chefs de canton (*Tongs*), Maires (*Ly truong*) et Notables (*Huong*), qui complètent l'organisation administrative et judiciaire, ne sont pas rétribués et sont nommés à l'élection.

Dans le *Huyen* ou sous-préfecture, le nombre des communes est variable; groupées entre elles, elles forment le Canton (*Tong*).

Les Cantons sont dirigés par des Chefs de canton (*Cai-tong*) assistés de *Pho-tong* (sous-Chefs).

La nomination du Chef de canton a lieu à l'élection, soit

au chef-lieu d'arrondissement, soit dans une des communes du canton, sur la convocation faite par ordre du Huyen.

Chaque commune délègue, pour cette élection, le Maire et un Notable.

L'élection n'a pas lieu par votes, mais par accord ; les électeurs réunis s'entendent sur le choix à faire et dressent une pétition demandant la nomination de la personne élue.

Lorsqu'une partie des délégués des communes n'accepte pas la nomination proposée par la majorité, la pétition est envoyée au Huyen sans la signature des opposants ; en cas de partage égal des délégués, le parti opposant dresse, de son côté, une pétition pour demander la nomination de son candidat.

Les deux élus sont alors conduits devant les Mandarins provinciaux qui choisissent.

Les candidats à ces fonctions sont généralement d'anciens maires n'ayant, bien entendu, jamais subi aucune condamnation et ayant rempli, sans reproche grave, les fonctions municipales.

La nomination des sous-Chefs de canton se fait de la même manière.

Le Chef de canton est élu pour un temps indéfini. Une nouvelle élection ne peut avoir lieu que dans le cas d'indignité du titulaire, par suite d'une plainte motivée des communes suivie de condamnation, ou manquement grave à ses devoirs, ou par suite de démission volontaire.

Comme on le voit, le Chef de canton n'est pas fonctionnaire de l'Etat ; il est le représentant de la population. Sa mission est de défendre les intérêts de l'agrégation cantonale auprès de l'administration et d'assurer l'exécution des ordres administratifs, là répartition de l'impôt, de presser la rentrée des deniers dus à l'Etat.

Homme considérable par sa fortune et son influence, le

Chef de canton est en même temps le conciliateur naturel des affaires civiles qui n'ont pu être arrangées par les chefs de famille ou les villages.

Il fait connaître le droit, suivant la coutume ou l'équité, aux parties, qui sont libres de se soumettre à sa décision ou d'aller demander au tribunal du Huyen ou du Phu compétent une sentence.

La Commune (*Thon ou Xa*) est l'agglomération d'un nombre plus ou moins grand de familles ; c'est la dernière expression de la géographie territoriale Annamite. C'est une personne morale pouvant posséder, administrer et acquérir. En matière mobilière, elle a le droit d'aliéner ; en matière immobilière, elle peut vendre l'usufruit de ses biens pendant trois ans, mais non aliéner la nuc-propriété.

La Commune s'administre elle-même, est responsable de la police de son territoire et fait ses travaux d'utilité publique.

Elle paie au pouvoir central l'impôt de son territoire soit en argent, soit en nature, et l'impôt du sang en fournissant des soldats. En échange, l'Etat lui doit la protection morale et physique.

La Commune est administrée par un conseil de Notables qui se divisent en Notables majeurs et Notables mineurs. Aux premiers appartient *la Direction*, aux seconds *l'Exécution*.

Ces Notables sont choisis parmi les propriétaires de la commune, ou les habitants inscrits au rôle d'impôts jouissant d'une grande réputation de respectabilité et d'habileté.

La population des communes se divise en deux classes : les inscrits (*dzan bô*) et les non-inscrits (*dzan ngoai*), c'est-à-dire que les premiers sont soumis à l'impôt personnel et que les seconds ne sont soumis à aucune charge. En principe, pour se mêler des affaires de la commune, il faut figurer sur les rôles d'impôt foncier ou de contribution personnelle.

Les gens à gages non inscrits n'ont jamais le droit de prendre part aux affaires.

Au point de vue des rapports avec l'administration provinciale, le conseil communal se compose d'un Maire (*Ly truong*) dont la nomination est soumise à l'agrément de l'administration. Ce fonctionnaire n'a point les attributions que nous lui donnons en France ; il n'est point le président du conseil des notables, il n'en est que l'*Agent exécutif*. Il est l'agent accrédité auprès de l'administration ; il transmet les demandes de la commune aux autorités administratives et y appose son cachet ; il légalise les signatures des particuliers, transmet à la commune les ordres de l'autorité supérieure et est responsable de leur exécution. Il est chargé de la police de la commune, de concert avec deux grands Notables (le *Huong than* et le *Huong hao*) ; il est responsable de la perception et du versement de l'impôt, et signe avec eux les rôles d'impôts.

Le Maire est élu par les Notables ; sa charge est annuelle : cependant les Notables peuvent le maintenir en fonctions aussi longtemps qu'il leur plaît. Ces fonctions doivent être exercées pendant au moins une année pour être nommé grand Notable.

Le *Huong than*, Notable majeur, est ordinairement choisi parmi les anciens maires, connaissant bien les caractères chinois et capable de faire connaître à ses concitoyens les édits royaux, les ordres provinciaux. De concert avec le *Maire,* il est chargé de la recette et du versement des impôts et de la délivrance des reçus aux contribuables.

Le *Huong hao*, autre Notable majeur, est chargé de surveiller et de diriger les chefs de la police dans les divers quartiers de la commune ; il supplée le *Huong than* dans la surveillance des impôts.

Au-dessus de ces notables principalement préposés aux

affaires publiques, il en existe d'autres en nombre variable, qui surveillent les affaires de toute nature : affaires privées, rites, cérémonies, etc.; le plus élevé en grade est le *Huong truong*. Le rang de préséance entre ces divers notables ne dépend pas de leur charge, mais de leur âge, de leur position personnelle.

Au-dessous du maire, qui est Notable majeur, se groupent les notables mineurs.

Le *Pho ly truong*, l'adjoint au maire, le *Bien lai,* qui est le secrétaire de la commune, qui tient compte des recettes et des dépenses.

Le *Cai binh* qui s'occupe du recrutement des soldats fournis par le village et recueille les subsides destinés à compléter la solde de ces militaires.

D'autres sont chargés de la police, de l'observance des rites, de la réunion des corvées, de la convocation des habitants pour faire les rondes la nuit, pour veiller à la tranquillité publique, etc.

Dans les réunions générales des notables pour discuter les affaires touchant la commune, les notables mineurs n'ont pas voix délibérative.

En résumé, les grands Notables décident, les petits notables exécutent sous la direction du Maire ou du grand Notable chargé spécialement de l'affaire dont il s'agit.

Les Notables se nomment à l'élection et les électeurs sont les notables eux-mêmes. La commune est donc un petit Etat gouverné oligarchiquement par des notables qui se recrutent eux-mêmes parmi les inscrits sur le rôle d'impôts.

Cette organisation des communes, qui existe depuis la plus haute antiquité, est bonne et convient au peuple pour lequel elle a été faite, et nous devons la respecter, sous peine de nous aliéner la population et de désorganiser le pays.

INSTRUCTION PUBLIQUE

Le Roi est le dispensateur des fonctions publiques; ces dernières ne pouvant s'obtenir que lorsque le candidat est pourvu de grades universitaires, l'instruction est fort répandue au Tonkin.

Nous allons étudier par quelle série d'examens et de concours l'instruction est constatée, encouragée et récompensée.

L'instruction publique est libre ; et, de plus, elle est laïque, n'étant nullement hostile à aucune religion.

Le Gouvernement Annamite, pour donner une direction aux études, a créé un grand maître de l'Université, résidant à Hué (*Tù nghiep*), mandarin de 1re classe, 3e degré, dépendant du ministre de l'intérieur (*Lai ob thuong tho*) ; ce fonctionnaire, nommé par le Roi, est choisi parmi les premiers élèves reçus à l'examen de Docteur ; il a son bureau à la Cour avec le nombre d'employés et écrivains nécessaires pour assurer son service et ses relations avec les différents directeurs des provinces.

Les grades universitaires sont au nombre de huit ; six de ces grades les plus élevés équivalent à notre grade de Docteur (*tan-si*), avec des degrés différents. Celui de *Cu-nhon* peut se comparer à notre grade de licencié, et enfin celui de *Tutai* à celui de bachelier.

Ces deux derniers s'obtiennent à la suite d'examens au concours, passés tous les six mois dans les chefs-lieux de province.

Celui de Docteur ne peut être passé qu'à la Cour, à Hué.

Dans la Capitale, il existe un collège Royal (*quoc tu giam*) subventionné par l'Etat, et qui a pour but de faciliter l'ob-

— 29 —

tention des divers grades universitaires aux fils de mandarins en fonctions, aux licenciés envoyés par les provinces et aux fils de mandarins morts ayant rendus de grands services à l'Etat.

Les élèves de ce collège privilégié sont logés, nourris et soldés par le Gouvernement. Leur nombre est d'environ 100 à 150. Ils y passent neuf années, pendant lesquelles ils subissent un examen tous les trois ans. Ceux qui, au bout des neuf années, ont échoué aux examens après trois essais successifs, sont nommés *Phus* et *Huyens* dans les provinces, lorsqu'ils ont conquis les grades de licencié ou de bachelier. Les autres sont nommés simplement secrétaires généraux dans les bureaux des Quan-bo et des Quan-an des provinces.

Dans chaque province l'Etat nomme un Directeur des études, *Doc-hoc*, dont nous avons parlé dans l'énumération des fonctionnaires provinciaux. Ce fonctionnaire est placé au chef-lieu de la province ; il est professeur dans ce même chef-lieu et surveillant général de l'instruction publique de la province.

Au siège de la Préfecture (Phu) est un *Giao-tho*, et au siège de la sous-Préfecture (Huyen) est placé un *Huàn-dao*. Ces divers fonctionnaires, qui ont pour mission de préparer les candidats aux examens provinciaux pour l'obtention des grades universitaires, sont généralement Docteurs pour les Doc-hoc, et licenciés ou bacheliers pour les autres. Tous sont rétribués par l'Etat. Ils peuvent aspirer après un certain temps de professorat, les premiers aux fonctions d'*An-sat*, mandarin de la justice, et les autres aux fonctions de *Phu* ou *Huyen*.

La littérature et la poésie enseignées dans les écoles sont les mêmes que celles étudiées en Chine ; la morale est celle de Confucius ; un peu d'astronomie, mais pas de mathématiques.

Dans chaque village l'instruction publique est libre et non subventionnée par l'Etat. Le village paie sur les fonds communaux son maître d'école (*Nghiep sù*), qui, suivant l'importance du village et la fortune des habitants, est *Docteur*, et alors peut préparer les élèves à suivre les cours du *Doc-hoc* sans passer par les écoles du *Phu* et du *Huyen*. Le plus souvent il n'est que licencié et même bachelier, étant moins instruit, il est moins payé.

Celui qui donne les premières notions d'écriture et de lecture aux petits enfants n'est souvent pas gradé ; il enseigne ce qu'il sait ; en échange, le village le nourrit et l'habille.

Quelquefois, des parents riches se réunissent pour donner à leurs enfants un professeur spécial, qui se charge de les mettre en mesure d'entrer au collège du *Doc-hoc*, au chef-lieu de la province.

L'instruction, comme on le voit, est fort en honneur dans ce pays, où, grâce aux idées démocratiques, tout homme peut, par son intelligence et son travail, arriver aux plus hautes fonctions de l'Etat.

C'est certainement le plus puissant instrument que nous possédions pour faire pénétrer nos idées et nos mœurs au milieu de ces populations si éloignées, dissiper les préventions et les préjugés et faire apprécier au vaincu les bienfaits de notre civilisation.

SECONDE PARTIE

SITUATION A CRÉER

La succession des événements auxquels nous assistons depuis trois ans au Tonkin a suffisamment prouvé aux esprits les plus récalcitrants que le protectorat appliqué à la race Annamite ne peut nous donner un seul des résultats que nous cherchons. Le protectorat, a écrit M. Le Myre de Villers, ancien gouverneur de la Cochinchine, « qui convient aux
» pays de féodalité, comme la Tunisie, où le monarque
» détient toute l'autorité, où existe la centralisation, n'est
» pas applicable aux contrées de collectivisme démocratique.
» L'expérience de ce système en Basse-Cochinchine, dans
» des conditions moins défavorables qu'au Tonkin, a donné
» de mauvais résultats et retardé de plusieurs années la
» pacification générale ; l'amiral La Grandière fut obligé
» d'y renoncer et de se charger de l'administration directe. »

C'est dans l'administration directe du pays que nous pourrons trouver une solution pratique à la question qui nous occupe.

Les erreurs commises depuis le commencement de la campagne ont été nombreuses ; certaines, et des plus lourdes, auraient pu être évitées ; néanmoins, nous croyons qu'elles peuvent être réparées en partie, et que nous pouvons ouvrir à ce peuple, si facilement dirigeable, une ère nouvelle de prospérité.

.imiter notre
cupation au
ta.
Protectorat
l'Annam.

Nous devons d'abord limiter notre action aux provinces du Delta. Par des modifications à apporter au traité du 6 juin 1884, nous placerons l'Annam proprement dit sous un protectorat véritablement effectif ; un Résident sera nommé à Hué, avec une garde Européenne suffisante pour le mettre à l'abri d'un coup de main. Nos ingénieurs sillonneront le pays de routes ; la connaissance de notre langue sera apportée en ouvrant des écoles de quoc-ngu. Les soldats incorporés dans nos régiments de Tirailleurs au Tonkin, s'habitueront à nos mœurs et à notre discipline, et si, pendant quelques années, nous savons agir avec sagesse, méthode et en même temps énergie, l'Annam, qui est un pays pauvre, tributaire pour sa subsistance, du Tonkin ou de la Cochinchine, implorera les bienfaits de notre administration.

Les provinces du Than-Hoa, Nghean et Hatinh, qui, politiquement et géographiquement, appartiennent au Tonkin, devront nous être rendues.

Protectorat
Cambodge.

Au Cambodge, sans vouloir parler des événements, qui depuis deux ans ont fait courir de sérieux dangers à notre belle colonie de Cochinchine, nous sommes d'avis de rétablir le Protectorat aux mêmes conditions qu'il y a trois ans, en y apportant quelques modifications, telles qu'occupation de certains points du pays par nos troupes, établissement de la régie d'opium et d'alcool, obligation par le Roi d'ouvrir des routes avec le concours de nos ingénieurs, établissement d'un réseau télégraphique.

Le Cambodge, qu'on ne l'oublie pas, est un pays de mœurs, de coutumes, de langage complètement différents de ceux soumis à notre domination depuis vingt-cinq ans dans l'Indo-Chine, et que, malheureusement, nous ne connaissons que très imparfaitement, sauf quelques rares exceptions que nous sommes heureux de signaler : le capitaine Aymonnier, qui vit au milieu de ce peuple depuis près de quinze années, et le représentant de notre Protectorat à Phnum-Penh, M. Fourès.

Une des grandes fautes, à notre avis, c'est d'avoir voulu pacifier et administrer ce pays avec le concours des milices Annamites, qui sont les ennemis séculaires des Cambodgiens.

En Cochinchine, nous ne devons rien changer pour le moment.

C'est dans le Delta du Tonkin que nous devons concentrer nos efforts, en limitant notre occupation aux provinces de Hanoï, Son-tay, Bac-ninh, Haidzuong Quang-yen, Nam-dinh Hung-yen, Nin-binh, Tanh-hoa, Nghean et Hatinh, c'est-à-dire onze provinces.

Les récents succès remportés par le général de Négrier dans les provinces de Hung-yen et Haidzuong, ont prouvé combien la pacification du Delta offrait peu de difficultés. Les bandes composées de pirates et de rebelles qui se sont formées dans ces provinces à la faveur de l'inaction forcée de nos troupes pendant la mauvaise saison, sont mal armées, non approvisionnées, sans discipline et n'offrant aucune cohésion. Il sera facile, à l'aide de nos troupes indigènes, très propres à ce genre d'expéditions, soit de les exterminer en les enveloppant, soit de les rejeter dans les contrées montagneuses de la province de Lang-son, où, faute de vivres, dans un pays déjà pauvre, abandonné depuis deux ans, elles se disperseront.

Que nous occupions le pays définitivement, que notre administration s'y fasse sentir, et ces tentatives de rébellion, ces actes de piraterie seront facilement réprimés.

Si dans les provinces du Delta dont nous donnons l'énumération plus haut, nous pouvons dès maintenant organiser une administration directe, il n'en doit pas être de même dans les provinces du nord, qui formeront une zone frontière qui sera soumise à l'action exclusive de l'autorité militaire.

3

Cette zone frontière doit se composer des provinces de Hong-Hoa, jusqu'à la frontière du Yunnam (Lao-Kaï), Tuyên-Quan, Thay-Nguyen, Caobang Lang-Son. Ces contrées, montagneuses, sans voies de communications fluviales ou terrestres, sont pauvres et ne peuvent nous offrir des revenus bien sérieux avant une période de longues années. Les richesses minières, dont on a tant parlé, n'ont point l'importance qu'on leur a donnée, et bien avant que ce pays ne soit troublé par les Pavillons-Noirs et les pirates, les mines, dont le rapport était peu considérable, au dire des Annamites eux-mêmes, étaient abandonnées, les adjudicataires n'ayant pu payer la redevance annuelle depuis plus de quarante années.

Du reste, n'est-ce pas dans le Delta, dans la province de Quang-Yen, que nous trouvons les mines de houille de Mong-Cai, la plus grande richesse minière du pays?

es de
ille
ng-Cai.

« D'après le rapport spécial de MM. Fuchs, ingénieur en chef des mines et professeur de géologie technique, et Saladin, ingénieur civil des mines, le bassin houiller du Tonkin s'étend sur une superficie d'un millier de kilomètres carrés, et forme une bande presque continue, dirigée en moyenne du nord 70° vers le sud 70° O., et reconnue actuellement sur une longueur de près de 60 milles, soit 111 kilomètres environ, parallèlement à la côte.

« En résumé, les charbons du Tonkin, tant par leur com-
» position chimique que par les résultats qu'ils donnent à
» l'essai industriel, nous paraissent aptes à entrer pour une
» part très importante dans l'approvisionnement des marchés
» maritimes de l'Extrême-Orient. Ils soutiennent notamment
» très bien la comparaison avec les charbons d'Australie,
» qui sont souvent impurs, et ils sont supérieurs aux li-
» gnites piriteux du Japon, dont on fait une si grande con-
» sommation à Hong-Kong et à Shang-Haï. Enfin, ils se

— 35 —

» rapprochent tellement des houilles françaises, qu'ils pour-
» ront prendre, soit en roche, soit en briquettes, sur le mar-
» ché de Saïgon, une importance comparable à celle qu'y
» ont actuellement les produits de la Grand'-Combe. »

Ne trouverons-nous pas également dans le Thanh-Hoa et le Nghean les mines de soufre que les Annamites exploitent pour la fabrication de leurs poudres à artifices ?

N'existe-t-il pas dans le Delta les mines de fer de Dong-Hoa, Boson, Ninh-Hoa et Kinh-Siam-Dong dans la province de Bac-Ninh, et celles de Cam-Trach et Bar-Lop dans la province de Son-Tay, où se trouvent également des mines de fer et de nitre ?

Il ne faut cependant pas se bercer d'illusions et croire, comme on l'a si souvent répété, que le Tonkin sera une colonie dans le sens propre du mot.

Le Delta du Tonkin ne sera jamais une *Colonie,* parce qu'il n'aura jamais de colons et ne peut en avoir.

Il doit être pour la France un pays *d'Occupation* et *de Rap-port.*

L'Annamite du Tonkin est surtout agriculteur, et il sait tirer du sol le parti qu'une autre race ne pourrait dépasser. La nature du sol de ce pays est plus riche que celle de Cochinchine, et en dehors du riz, sa principale production, il assure aux cultures coloniales riches un fructueux développement. Le maïs, la soie et le coton sont déjà l'objet d'un commerce important avec la Chine, et en dirigeant la culture Annamite vers le café, la canne à sucre et le poivre, on pourrait, en peu d'années, assurer un frêt à nos navires de commerce, [soit pour les] ports de la Chine, soit pour la Métro-pole.

Et c'est en tentant également d'améliorer la culture du mûrier et l'éducation du vers à soie, ainsi que la culture du coton et de la canne à sucre que l'on arrivera à assurer à des usines Européennes la fabrication du sucre, de la soie et des étoffes de coton.

Il n'est donc point nécessaire d'envoyer de nombreux colons au Tonkin, le pays est riche en habitants et en travailleurs.

« Il suffira, comme l'a dit M. Brunat, dans son rapport
» présenté à la chambre de commerce de Lyon, de lui en-
» voyer quelques hommes d'initiative, aidés de capitaux,
» pour faciliter et diriger le développement de ses ressources
« et de ses richesses, et lui faire prendre une place sérieuse
» dans le commerce de l'Extrême-Orient. »

En résumé, le Delta contient des richesses de toutes natures : minières, forestières et agricoles. Son organisation, entreprise avec sagesse, doit nous fournir des ressources snffisantes à l'enlretien de nos troupes Européennes et Indigènes, à la construction de nos forts et blockhaus sur la frontière, à nos travaux publics et à l'installation de notre personnel civil.

Pour obtenir ce résultat, devons-nous apporter de nombreuses modifications dans l'administration Annamite, et aurons-nous de grandes dépenses à supporter ?

Non. 10 millions pendant deux années, pour couvrir les dépenses de première installation, et ensuite le Delta doit se suffire à lui-même. Et comme nous le montrerons dans notre projet d'organisation, nous ne devons, jusqu'à nouvel ordre, que substituer nos fonctionnaires aux mandarins supérieurs annamites des Piovinces.

ADMINISTRATION DIRECTE

Il faut d'abord créer à Paris, au ministère des affaires étrangères, un bureau des *Affaires Indo-chinoises*. Création bureau i chinois.

Ce bureau, relevant du Ministre et ne dépendant que de lui, fonctionnera pendant la période d'installation et jusqu'à la constitution définitive de notre Empire Indo-chinois.

Plus tard, lorsque le ministère des colonies aura été créé, nous pourrons ou supprimer ce bureau ou le rattacher à ce nouveau ministère.

Ce bureau des affaires indo-chinoises devra être composé : Sa compᵉ tion.
D'un Ministre Plénipotentiaire ou Consul Général ayant passé une partie de sa carrière en Chine, désigné par le Ministre des affaires étrangères ;

D'un Résident du Tonkin ;

D'un Administrateur des affaires indigènes de Cochinchine ; ces deux derniers désignés par le Gouverneur général de l'Indo-Chine ;

D'Officiers des différents corps de la marine, nommés par Ministre de la marine ;

D'un Lettré chinois ;

D'un Lettré annamite ;

D'un Interprète annamite.

Ce bureau aura la charge de réunir, de centraliser tous les renseignements politiques, administratifs ou autres concernant l'Indo-Chine, la Chine, le Siam, l'Inde et le Japon, dont la connaissance est indispensable au Ministre des affaires étrangères, soit pour les instructions à donner à ses divers agents en extrême Orient, soit pour répondre aux interpellations des Chambres. Sa destinatio

Il serait utile notamment que, par les traductions des journaux et revues anglais, hollandais, et des journaux chinois publiés à Shang-Haï et Hong-Kong, le Ministre fût tenu au courant de la politique suivie par nos voisins d'extrême Orient. Ce travail devrait rentrer dans les attributions du bureau des Affaires Indo-chinoises.

GOUVERNEUR GÉNÉRAL

Le Gouverneur général de l'Indo-Chine devra être le seul représentant du Gouvernement de la République Française en Extrême-Orient, auprès de S. M. le Roi d'Annam, de S. M. le Roi du Cambodge, et vis-à-vis de tous les fonctionnaires civils et militaires, les citoyens français, sujets et protégés indigènes.

Les Ministres Plénipotentiaires, les Consuls Généraux, les Consuls et Vice-Consuls de France en Chine, au Japon, à Siam, en Birmanie et dans tout l'Extrême-Orient devront tenir le Gouverneur général au courant des événements politiques ou autres qui parviendraient à leur connaissance dans le pays auprès duquel ils sont accrédités.

Il en sera de même des Chefs de division ou de station navales, des mers de Chine et des commandants des navires de guerre isolés, au point de vue politique seulement.

En un mot, le Gouverneur général de l'Indo-Chine, fonctionnaire civil du grade le plus élevé dans l'ordre hiérarchique, devra avoir un pouvoir discrétionnaire des plus étendus ; il est nécessaire en effet que, dans un pays si éloigné de la Métropole, dont les mœurs et coutumes sont si différentes des nôtres, le Gouverneur assume la responsabilité entière des actes des fonctionnaires placés sous ses ordres.

Sa ligne de conduite une fois tracée par le Président du conseil des Ministres, la plus grande indépendance devra lui être laissée dans le choix des moyens.

Il devra avoir sous ses ordres les forces de terre et de mer, et, en cas de guerre, il devra être commandant de l'état de siège ou de guerre.

Seul il correspondra directement avec le Ministre des affaires étrangères et les divers Ministres compétents.

La nomination, la révocation ou la suspension des divers fonctionnaires ou employés de notre possession de l'Indo-Chine, sauf ceux nommés par décret du Président de la République, devront lui être exclusivement réservés.

Dans les circonstances actuelles et jusqu'à une occupation définitive et une administration directe du Cambodge et de l'Annam, nous pensons que Saïgon devra rester la capitale.

Par sa situation géographique, à 60 milles dans l'intérieur des terres, sur une rivière profonde, accessible aux plus grands navires cuirassés, Saïgon, presque inattaquable par terre et par eau, et en tous cas facile à défendre, est à l'abri d'un coup de main.

Il n'en serait pas de même de Hanoï, placé dans l'intérieur des terres également, mais à une grande distance de l'embouchure du Day, ou de Haïphong placé à l'embouchure du Cuâ-cam, 80 milles environ par le canal des Bambous pendant la saison sèche et à 60 milles par le canal des Rapides au moment de l'inondation.

Hanoï, au nord, est trop près de Sontay et de Hong-hoà, c'est-à-dire de la frontière des provinces du Delta à occuper.

Un insuccès de nos troupes sur la rivière Noire mettrait la Capitale en danger.

Il ne peut être, bien entendu, question de Hué comme capitale tant que nous n'occuperons que les provinces du Delta du Tonkin.

*tance
gon.*

Saïgon, au contraire, devra devenir un arsenal de premier ordre, un sixième arrondissement maritime. Muni de bassins de radoub, de dépôts de charbon, avec un outillage qui lui permette de construire et de réparer les bâtiments qui opèrent dans l'Extrême-Orient, son arsenal deviendra en temps de guerre un centre offensif de la plus grande valeur.

Des forts placés à l'embouchure de la rivière au cap Saint-Jacques, un service de chaloupes-porte-torpilles bien assuré, interdiraient aux plus audacieux l'accès d'un réseau impénétrable de rivières, où leur perte serait certaine.

*nce du
eur gé*

Le Gouverneur général ne sera point obligé de résider à Saïgon ; il devra, au contraire, séjourner là où sa présence sera jugée nécessaire. Il serait bon qu'il fixât sa résidence au Tonkin, à Hanoï pendant près de huit mois de l'année.

*eute-
ouver-
Saïgon.*

Un Lieutenant-gouverneur lui sera adjoint à Saïgon. Ce fonctionnaire remplacera le Gouverneur général en cas d'absence, de maladie ou de décès, ou de congé accordé par le Ministre président du conseil, après entente avec le Ministre des colonies et le Ministre des affaires étrangères.

Quelques esprits élevés, qui ont été nos maîtres dans ce pays, ont pensé qu'il serait utile d'entourer le Gouverneur général d'un Conseil de directeurs généraux remplissant le rôle de Cabinet Ministériel de S. M. le roi d'Annam. Ce projet, qui complète une organisation générale de toute l'Indo-Chine ne pourra recevoir son exécution que le jour où notre situation financière et politique nous permettra d'occuper définitivement les pays que nous croyons devoir seulement placer aujourd'hui sous notre protectorat. Au contraire, nous voudrions voir le Gouverneur général remplir dans notre possession de l'Indo-Chine le rôle que les Romains donnaient à leurs proconsuls dans les provinces soumises à la domination Romaine.

N'avons-nous pas reconnu l'inutilité de ces conseils pri- Inutilité c conseils pri
vés, composés des plus hauts fonctionnaires de la colonie,
qui, malgré une grande indépendance de caractère, se sont
trop souvent inclinés devant l'autorité quelquefois despo-
tique de nos gouverneurs?

Un tel conseil n'a pour effet que de dégager la responsabilité du Gouverneur, lorsqu'une mesure prise dans ce
conseil et approuvée par lui est jugée inopportune ou inap-
plicable par le Gouvernement de la Métropole.

Le Gouverneur général devra, au contraire, avoir une
initiative aussi large que possible, et il ne pourra, par le
moyen trop commode d'un conseil privé, se dégager de la
responsabilité que nous voulons lui imposer.

Les chefs des divers services placés sous ses ordres
devront, par des rapports aussi fréquents qu'il le jugera
convenable, l'éclairer sur la situation de leurs services res-
pectifs.

L'autonomie dont devra jouir la Cochinchine, qui est
arrivée à l'apogée de sa fortune, devra être plus grande que
celle du Tonkin. Aussi ne devons-nous rien changer à son
organisation intérieure jusqu'à nouvel ordre.

Un Directeur des affaires civiles et politiques, relevant Directeur d affaires civi à Hanoï.
directement du Gouverneur général, devra être installé au
Tonkin, à Hanoï ; tous les services civils relèveront de lui, il
sera l'intermédiaire obligé entre les Résidents inspecteurs
de province et le Gouverneur général.

Les chefs des divers services, Trésor, Postes et télégraphes, Travaux publics, ne pourront donner des instructions
à leurs divers agents placés dans les provinces que par l'in-
médiaire du Résident-inspecteur de la province, qui est seul
responsable des actes du personnel placé sous ses ordres.

Aucun changement ne devra être fait dans les divisions Aucun chan gement dan lesdivisions a ministratives
administratives indigènes du Tonkin. Nous ne pouvons

admettre, en effet, que le peuple annamite, dont la civilisation est presque aussi ancienne que celle de la Chine, ait formé arbitrairement et du premier coup les divisions actuelles. Ce n'est certainement qu'à la suite d'une longue expérience qu'il a été conduit peu à peu à une aussi parfaite organisation. Ce serait folie de notre part que de songer à faire mieux.

ADMINISTRATION DES PROVINCES

Chaque province du Tonkin sera dirigée par un fonctionnaire public appelé *Résident-inspecteur*, qui remplacera, suivant les cas, le Tong-doc ou le Tuân-phu du régime Annamite. Il aura sous ses ordres :

Un Résident chargé de la justice (remplaçant le *Quan-an-sat;*)

Un Résident chargé des impôts et corvées (remplaçant le *Quan-bô* ou *Bô-chanh*);

L'Officier commandant les troupes Indigènes (remplaçant le De-doc ou le Lanh-binh) ;

Des Résidents stagiaires selon les besoins de la province);

Des Secrétaires et employés français et indigènes ;

Des Interprètes et des lettrés.

Les chefs de service de la province seront tous sous ses ordres, comme je l'ai dit plus haut, et ne pourront communiquer avec leurs chefs de la capitale pour leurs rapports ou les instructions à recevoir que par l'intermédiaire du Résident-inspecteur.

Lorsque la province comprendra une grande ville de commerce, comme Hanoï, Haiphong, Nam-dinh, Thanh-hoa, etc., une *Commission municipale* sera établie. Elle sera composée de membres Européens, Annamites et Chinois, et présidée par un Résident-adjoint qui prendra le titre de *Maire*.

Les Phus et les Huyens seront rigoureusement conservés; néanmoins ils devront recevoir une nouvelle investiture. Il en sera de même pour l'organisation des cantons et des communes indigènes.

Maintien d Phus et d Huyens.

Les recettes et les dépenses des provinces ressortiront au budget général de notre possession.

Le rôle du Résident-inspecteur sera surtout un rôle de surveillance générale de tous les services de la province ; ses fonctions auront une certaine analogie avec celles des Gouverneurs de province de l'ancienne France.

Il aura sous ses ordres les Résidents chargés de la justice et de l'impôt ; mais il n'administrera pas par lui-même, pas plus qu'il ne rendra la justice et ne commandera les troupes indigènes provinciales.

Cette concentration de pouvoirs en une seule main est sans doute contraire à notre principe de la séparation des pouvoirs, néanmoins nous la croyons, pour le moment, et pendant les débuts de notre occupation, absolument indispensable.

L'exemple que nous avons sous les yeux, en Cochinchine, où la séparation des pouvoirs existe seulement depuis cinq ans, ne doit pas nous engager à suivre ces errements que l'expérience a condamnés.

De pareilles fonctions ne peuvent être données, on le comprend, à des administrateurs improvisés; une tâche aussi importante ne peut être confiée qu'à des hommes expérimentés et ayant déjà fait leurs preuves. C'est donc en Cochinchine qu'il nous faudra choisir parmi les administrateurs les plus actifs et les plus méritants, le personnel qui sera nécessaire, dès le début, pour occuper les situations de Résident-inspecteur.

Recrutemen du personnel.

Le cadre des administrateurs est fort restreint depuis

1881, peut-être serait-il difficile d'y puiser un nombre aussi
considérable de fonctionnaires sans désorganiser les services
de cette colonie. Il faudra alors faire appel aux anciens administrateurs ou inspecteurs des affaires indigènes de Cochinchine qui ont été obligés de quitter ce service, soit
pour raison de santé, soit pour poursuivre leur carrière militaire.

La situation de ces fonctionnaires doit être plus importante
que celle faite en Cochinchine, au point de vue de la solde,
des frais de représentation et des droits de préséance ; nous
ne devons pas oublier que certaines provinces du Tonkin
comptent près de deux millions d'habitants, et qu'il serait
fâcheux, pour le prestige de nos agents, de les mettre dans
une situation pécuniaire inférieure à celle d'un employé de
commerce de Hong-Kong, de Shang-Haï et même de Hanoi.
Rappelons-nous que les Résidents aux Indes et à Java n'ont
pas moins de 35.000 fr. d'appointements, une maison con-
fortable, et un nombreux domestique. Le nombre des Résidents-inspecteurs pour l'administration des onze provinces
du Delta devra être d'au moins quatorze, pour les rempla-
cements en cas de congé ou de maladie.

Résident char-
gé de la justice.

Le Résident, chargé de la justice, remplacera le *Quan an
sat*, il devra être pourvu du grade de licencié en droit ; il
sera sous les ordres du Résident-inspecteur, qui lui trans-
mettra les affaires judiciaires adressées par les Phus et les
Huyens.

Nous avons vu, dans la première partie de ce travail, de
quelle manière fonctionnait la justice indigène dans les tribunaux inférieurs.

Tribunaux in-
digènes infé-
rieurs.

Nous croyons qu'il est indispensable de laisser subsister
cette organisation judiciaire, si bien adaptée aux mœurs du
pays. Au début, une grande surveillance devra être exercée
sur les *Phus* et les *Huyens ;* car nous ne pouvons avoir la

prétention de supprimer radicalement, du jour au lende-
main, l'usage des épices, qui a subsisté si longtemps, même
en France. Il nous suffira de punir rigoureusement les cadeaux en argent, souvent fort importants, et qui se font en
cachette; les autres, au contraire, qui se bornent à l'offre de
fruits, œufs ou poulets, se faisant publiquement et étant con-
sidérés par les Annamites comme une preuve de bonne éducation peuvent être tolérés.

Un Tribunal de Résidence sera établi au chef-lieu de
chaque province; il sera présidé par un Résident, jugeant en
màtière civile, correctionnelle, criminelle et commerciale,
conformément au Code Annamite, et pour les cas imprévus,
suivant l'équité.

L'expérience que nos administrateurs ont acquise en
Cochinchine leur rendra la tâche aisée et leur permettra de
guider les juges improvisés placés sous leurs ordres.

Le tribunal provincial sera présidé par le Résident chargé
de la justice, assisté de deux *Assesseurs Indigènes*, conformément aux règles établies en Cochinchine par l'arrêté du
25 mai 1878.

La compétence de ce tribunal sera limitée, en matière
civile, à une valeur de 100 piastres, et, en matière criminelle, à deux mois de prison ou 250 fr. d'amende. (Arrêté du
31 octobre 1875. — *Bulletin de la Cochinchine.)*

En un mot, tous les arrêtés, décisions concernant la justice indigène, édictés en Cochinchine avant 1880, pourront
être appliqués immédiatement au Tonkin.

Un ou plusieurs *Tribunaux Supérieurs* ou Cours d'Appel
seront institués à Hanoï, Haïphong et Nam-Dinh, suivant la
nécessité. Ces tribunaux seront composés de magistrats de
profession, et comprendront un Ministère public, un greffier
et des huissiers.

Toute affaire qui dépassera la compétence du tribunal provincial sera soumise au tribunal supérieur, qui soit, sur l'appel des intéressés, soit sur celui du ministère public, examinera si la sentence a été régulièrement rendue.

Les jugements réformés ou confirmés seront renvoyés au Résident inspecteur pour recevoir leur exécution.

Le Résident chargé de la justice connaîtra de toutes les affaires entre Français et Indigènes, Européens et Français, Européens et Asiatiques.

La loi française sera seule appliquée.

À Hanoï, un tribunal de première instance régulièrement constitué connaîtra de toutes les affaires Européennes.

Les tribunaux supérieurs établis soit à Hanoï, soit à Haïphong ou Nam-Dinh, fonctionneront comme *Cour d'Appel* des jugements rendus par les tribunaux de première instance Français des provinces et également comme *Cour d'Assises*.

Le Gouverneur général aura, au point de vue de la justice indigène, les pouvoirs les plus étendus. Rendues au nom de S. M. le roi d'Annam, les sentences entraînant exil, peine capitale, travaux forcés, seront soumises à l'approbation du Gouverneur-général. Seul, il aura le droit de grâce ou de commutation de peine.

Quant aux affaires Européennes, elles seront envoyées en France et soumises soit à la sanction du chef de l'État, soit à la revision de la Cour de cassation.

Le Résident chargé du service des impôts et corvées remplacera le Quan-bo du régime Annamite. Nous croyons, à propos du fonctionnaire chargé de l'assiette des impôts, devoir donner un aperçu de ceux actuellement existants au Tonkin, et proposer quelques modifications à apporter soit dans leur assiette, soit dans leur perception.

IMPOTS

Les impôts sont de différentes sortes, Directs ou Indirects, et se perçoivent d'une façon uniforme, par l'intermédiaire des communes.

Les impôts directs comprennent :

L'*Impôt personnel*, établi sur un registre appelé *Dinh-bô*, qui contient les noms des *inscrits*, c'est-à-dire de ceux qui doivent payer l'impôt personnel.

En principe, tout homme valide de 20 à 55 ans doit payer l'impôt; mais, dans la pratique, les propriétaires seuls sont inscrits, et, parmi ces derniers, des exceptions sont faites pour les mandarins en fonctions, pour leurs enfants, pour les soldats des *Phus* et des *Huyens*, les infirmes, etc.

Par suite des déclarations fausses des contribuables, de la vénalité des notables du village et des mandarins chargés de dresser concurremment le registre d'impôts, il arrive que des communes qui ont une population totale de 1.500 habitants, ont à peine *cinquante inscrits* payant l'impôt.

Il y a certainement des réformes à introduire, et il nous sera facile, dès le début, d'élever le nombre des inscrits de la moitié. Il sera bon, dès maintenant, de créer trois classes d'inscrits, en prenant pour base les revenus approximatifs de chacun. Tous les privilèges devront, bien entendu, disparaître; néanmoins, nous pensons qu'une pareille révolution ne pourra s'opérer que progressivement; l'imposer maintenant serait impolitique et peut-être imprudent. N'oublions pas que nous serons encore longtemps en présence de la classe privilégiée des lettrés, avec laquelle il nous faudra compter.

Impôts direc[ts]

Impôt personnel.

Réformes [à] apporter.

L'Impôt foncier est établi de la même façon que le *Dinh-bô*, sur le *Dia-bô* (registre des champs cultivés) et sur le *Dien-bô*, registre qui contient toutes les mutations survenues dans la propriété foncière de cinq en cinq ans.

La propriété du sol est partagée entre l'État, les communes et les particuliers, — autrement dit les biens sont domaniaux, communaux et particuliers.

En général, les biens de l'État, comme ceux des villages, sont affermés aux habitants des communes, sous la seule condition de payer l'impôt afférent aux terres qui font l'objet du contrat.

Le tarif de l'impôt foncier varie suivant la culture : les terres cultivées en riz paient moins que celles cultivées en mûriers, cannes à sucre, légumes, aréquiers et cocotiers.

Les rizières sont divisées en trois classes, suivant la fertilité du sol sur lequel elles sont établies.

Dans la première classe sont les terrains bas et toujours humides.

Dans la deuxième et la troisième sont les terrains élevés où l'eau séjourne difficilement.

Il n'existe qu'une seule classe pour les cultures diverses ; le tarif appliqué diffère de province à province. Parmi ces cultures diverses, nous citerons le coton, le mûrier, la canne à sucre, le maïs, les différentes espèces de légumes, le cunao ou faux gambier, les jardins d'aréquiers et de cocotiers.

En ce qui concerne l'impôt foncier, les réformes à introduire devront porter sur l'uniformité de la contribution qui frappe les cultures diverses, en établissant un tarif applicable à toutes les provinces. Suivant la nature et la valeur du rendement de ces cultures, on pourrait les diviser en trois catégories, comme les rizières.

Comme impôt direct, il faut ajouter la capitation des Chinois et l'impôt des patentes.

La capitation des Chinois doit rentrer dans le budget général de la colonie; l'impôt sur les Patentes devra, au contraire, être conservé pour l'établissement des budgets des centres urbains; on y ajoutera, par la suite, certains droits spéciaux : affermage des marchés, des abattoirs, etc., etc.

.. Un arrêté du Résident général, du mois de février 1885, a décidé la perception de ce droit et fixé la quotité à 30 fr. par an. Cet arrêté doit être modifié, car il ne nous paraît pas juste de faire payer aux petits négociants le même impôt qu'à des chefs de grandes maisons de commerce, comme A-Mock, Ko-Aky, dont les chiffres d'affaires dépassent un et deux millions.

Il conviendra d'établir trois catégories de contribuables : la première comprendrait les Chinois entrepreneurs pour le compte du gouvernement ou les particuliers, ceux s'occupant de commission et de transit ; la deuxième réunirait les débitants, tailleurs, ouvriers d'art, etc., et, enfin, dans la troisième catégorie prendraient place les employés de commerce, les coolies, les boys, etc.

Ces listes de capitations seraient dressées par les Chefs de congrégations, vérifiées par le Résident chargé des impôts, et la perception en serait faite par ces mêmes Chefs de congrégations, responsables pécuniairement des déficits qui pourraient se produire dans leurs recettes.

Il est bien entendu que le paiement de cette contribution, qui n'est qu'un droit de résidence dans le pays, ne dispenserait nullement les mêmes Chinois de l'inscription sur le rôle des patentes.

La perception de ces impôts se fait par les soins des notables des villages, sur les rôles d'impôt dressés par ces mêmes notables concurremment avec les intéressés, révisés par les Phus et et Huyen, et définitivement arrêtés par le Quan-bo.

Le versement du montant des contributions est fait au chef-lieu de la province par ces notables.

Ces rôles, établis comme il a été dit, sont faits en trois expéditions ; l'une reste dans les archives du village, l'autre est conservée dans les bureaux du Quan-bo, au chef-lieu de la province, et la troisième est envoyée à la Cour de Hué.

Les contributions ayant lieu actuellement en nature et en argent, il nous faudra progressivement obliger le village à transformer son impôt en nature, en argent.

Les Impôts Indirects doivent être pour nous une grosse source de revenus.

Nous possédons déjà les Douanes, et depuis l'établissement de notre Protectorat nous avons établi un droit sur l'introduction de l'Opium. Il nous faut dès à présent songer à organiser ces deux services ; celui de l'opium demandera de sérieuses études, cependant *a priori* on peut préconiser le système de la ferme, celui de la régie nous semblant un peu prématuré, offrant le grave inconvénient de grever immédiatement le budget d'une armée d'agents, quand nous pouvons procéder plus économiquement.

Les fermes devront être mises en adjudication, par province, avec faculté pour un des soumissionnaires de surenchérir pour l'adjudication totale. Dans le cas probable, au moins au début, des fermes provinciales, le Résident-inspecteur de la province remplira tout naturellement les fonctions de commissaire du Gouvernement près de la ferme.

Le service des Douanes est déjà presque établi et ne demande que de légères modifications.

Il sera bon de réunir à celle d'Opium la ferme de l'Alcool de riz, comme il a été fait en Cochinchine.

Les Pêcheries établies dans les fleuves et arroyos qui sillonnent la Cochinchine ont été une source importante de revenus pour la colonie ; nous ne pouvons, au Tonkin, où le réseau des rivières est plus étendu, négliger ce moyen d'accroissement de nos ressources.

Deux systèmes sont en présence. Le premier consiste à affermer les pêcheries aux villages; le deuxième, à les mettre en adjudication. Nous croyons que ce dernier, malgré ses inconvénients, donnerait un rendement bien supérieur à l'autre et que c'est celui qu'il convient d'adopter.

L'impôt sur les Salines si importantes des provinces de Than-Hoa, du Nghean et de Nam-Dinh doit être ramené à une assiette uniforme pour tout le pays, et comprendre deux catégories; le classement des salines en exploitation devra se faire d'après leur rendement moyen et non d'après la superficie.

L'impôt sur les Barques établi jusqu'à ce jour d'une façon arbitraire par les Annamites, devra être établi en prenant pour base la charge en piculs comme en Cochinchine.

Le paiement de ces impôts devra se faire, pour les pêcheries par les adjudicataires dans la caisse des agents du Trésor; pour les salines, par les Notables des villages qui en feront la perception en même temps que les contributions personnelle et foncière; il en sera de même pour l'impôt sur les barques. Comme on le voit, il n'est nul besoin de Contrôleurs ni de Percepteurs, les Notables des villages restant seuls chargés de ce travail, qui, en France, incombe à ces agents.

Le Résident chargé du service de l'impôt dans chaque province, sous les ordres du Résident-inspecteur, devra surveiller l'accomplissement de ce travail. Son rôle, au début surtout, devra être essentiellement actif; il ne devra pas se borner à vérifier les rôles contradictoirement avec les notables et les intéressés, il devra faire cette vérification sur place, se transporter dans les villages, et là, de concert avec les propriétaires, les Notables, les Phus et les Huyens, il se rendra compte de l'exactitude des déclarations faites.

Le service si important des *Corvées* sera soumis à sa surveillance, le mode d'emploi, le fonctionnement, la rétribution de ces corvées devront être l'objet de tous ses soins. Il ne faut pas oublier que ce service, d'une grande importance, doit nous être fort utile pour l'exécution de nos travaux de premier établissement.

sidents
ires.

Des Résidents adjoints ou stagiaires devront être placés sous les ordres des Inspecteurs. Leur recrutement devra se faire, au début de notre occupation, soit parmi les quelques employés qui ont rempli provisoirement, depuis deux ans, les fonctions de Chancelier, soit parmi les officiers de toutes armes ou assimilés (médecins, commissaires, intendants, etc.) qui ont fait partie du Corps expéditionnaire du Tonkin.

éation
e école
inistra-
ndo-chi-

Plus tard, les Résidents stagiaires devront sortir d'une d'une *École d'administration Indo-chinoise*, qu'il sera nécessaire de créer à Paris.

Les élèves de cette École, choisis parmi les jeunes gens sortis des Ecoles spéciales ou pourvus des diplômes universitaires de l'enseignement supérieur (licence ou doctorat), devront, pendant au moins deux années, suivre des cours de langue Annamite, de caractères Chinois, d'économie politique, de droit Français, etc., etc.

Nous n'entrerons pas dans une étude plus approfondie d'une pareille organisation, dont un essai déjà fait en Cochinchine, il y a onze années, avait produit les meilleurs résultats; qu'il nous suffise d'indiquer le meilleur mode de recrutement des fonctionnaires appelés à diriger la race Annamite.

res ser-
des pro-
.

L'organisation des services provinciaux ne pourra se faire que progressivement, dès que les circonstances le permettront. Le recrutement de ce personnel si nombreux : commis-expéditionnaires, gardes-magasins, surveillants des lignes té, légraphiques, piqueurs, conducteurs des ponts et chaussées, pourrait utilement se faire parmi les sous-officiers, caporaux et soldats qui, ayant terminé leur temps de séjour colonial, seraient mis en *congé renouvelable.*

Le service des Travaux publics n'exigera pas, dès le début, un personnel bien nombreux; car l'expérience nous a prouvé, en Cochinchine, combien il est préférable de laisser aux Résidents la surveillance et l'exécution des travaux publics de leur province. Grâce aux moyens dont ils disposent, ils peuvent construire plus rapidement et plus économiquement que les fonctionnaires des ponts et chaussées.

Etant donné le mode de perception des impôts, il suffirait, à notre avis, d'installer au ehef-lieu de la province un *Agent du Trésor*, avec le nombre d'employés suffisants : il recevrait les contributions des mains des autorités Annamites directement, d'après une expédition des rôles qui lui serait remise par les soins du Résident-inspecteur.

Le service des Postes et Télégraphes déjà installé depuis deux ans au Tonkin, fonctionne très régulièrement; il sera facile d'en augmenter le personnel en le recrutant dans les rangs du Corps expéditionnaire et parmi les indigènes instruits.

Le service des Douanes, déjà installé en partie, exigera l'installation de postes nouveaux sur la frontière et dans les provinces du Thanh-Hoa et du Nghean.

ORGANISATION MILITAIRE

Le Gouverneur général de l'Indo-Chine devra avoir auto rité sur les troupes du Tonkin. Néanmoins, sauf le cas d'urgence, et sous sa responsabilité, il ne pourra décider une opération militaire sans en avoir conféré avec le Général commandant supérieur et sans avoir obtenu son adhésion.

Les troupes Européennes ne dépendront que de leurs chefs directs et ne pourront avoir de rapport officiel avec les indigènes ou les autorités civiles que par l'intermédiaire des Résidents-inspecteurs.

Les troupes Indigènes et leurs officiers recrutés, comme il sera dit plus loin, ne relèveront que des Résidents-inspecteurs.

En cas d'opérations combinées, les troupes indigènes passeront momentanément sous l'autorité militaire seule.

Trois régiments de tirailleurs tonkinois ont été créés au Tonkin depuis deux ans.

Leur recrutement s'est fait par voie d'engagements volontaires, c'est-à-dire de la façon la plus contraire au système de recrutement Annamite. Par ce procédé, le seul, il faut le reconnaître, dont la mise à exécution était possible, nos régiments ont été composés du rebut de la population, de gens sans aveu, de vagabonds, de pirates en rupture de ban, toujours si nombreux dans un pays où le trouble et l'anarchie règnent depuis si longtemps.

Les uns ont déserté plusieurs fois, se représentant sous des noms d'emprunt dans les diverses compagnies ; les autres, ce qui a été plus fâcheux, ont pillé sans merci leurs compatriotes, mis des villages à contribution, en un mot, nous ont fait détester davantage des indigènes, malgré la surveillance la plus rigoureuse.

Il nous faut de toute nécessité revenir au système de recrutement Annamite, le seul qui pourra nous fournir des soldats dignes de ce nom.

Les troupes Indigènes devront être recrutées suivant la coutume Annamite, dans les villages *responsables de leur contingent*, parmi les fils d'inscrits à raison de tant d'hommes par *inscrits* au rôle d'impôt personnel.

Ce recrutement peut nous fournir dès aujourd'hui, étant donnée la proportion valide du Delta du Tonkin, un contingent de plus de 30.000 soldats Indigènes ; ce chiffre pourra être doublé avant deux années.

Les troupes Indigènes doivent immédiatement être employées à assurer l'ordre et la tranquillité dans l'intérieur du pays, y jouer le rôle de la gendarmerie, soutenues par les troupes Européennes. Elles devront protéger notre personnel administratif, faire respecter et exécuter ses décisions, et réprimer toutes tentatives d'insurrection.

N'est-ce pas avec les troupes Indigènes, sous les ordres de nos administrateurs de Cochinchine, que pendant vingt ans nous avons pu réprimer les insurrections naissantes ?

Les troupes Européennes qui doivent être composées d'Infanterie de marine, de Régiments Africains, de la Légion Étrangère et des Régiments de Zéphirs, auront deux buts à remplir : défendre nos frontières des incursions des Pavillons-Noirs et des troupes Chinoises, et réprimer les insurrections graves à l'aide des troupes Indigènes, dans le cas où ces dernières auraient été impuissantes.

Leur nombre devra être maintenu au chiffre d'au moins 15.000.

Les officiers qui seront appelés à prendre la direction de nos troupes Indigènes et dont le grade ne pourra dépasser celui de capitaine, seront mis hors cadre et feront partie de l'armée de la possession. Leur temps de service sera moins long mais mieux rétribué. Il en sera de même pour les sous-officiers et caporaux, qui devront être choisis avec soin parmi les vieux sous-officiers auxquels une solde suffisante permettra de se marier et de s'établir dans le pays.

Des hautes-paies et des pensions de retraite seront attribuées aux soldats Indigènes après dix années de service.

INSTRUCTION PUBLIQUE

Nous avons vu dans la première partie de ce travail l'importance que les Annamites attachent à l'instruction publique ; comment elle est organisée, en vue de l'obtention de diplômes universitaires qui donnent seuls accès aux fonctions de l'Etat. Nous allons maintenant chercher de quelle manière nous devons la propager, l'accroître au milieu de ces populations si avides de connaissances. Qu'on ne l'oublie pas, la diffusion de notre langue, de notre écriture et de nos sciences, est un des plus puissants moyens d'assimilation.

Dans chaque province, le Résident-inspecteur devra remplir les fonctions de recteur ou d'inspecteur universitaire ; il devra surveiller la tenue des écoles, les progrès obtenus, stimuler le zèle des professeurs et des élèves par des récompenses.

Il surveillera également et avec la même vigilance les écoles de caractères chinois et de littérature indigène; il encouragera les professeurs de ces écoles, qui pourront un jour être appelés aux fonctions de Phu et de Huyen.

Ne retombons pas dans les fautes commises en Cochinchine, où depuis la suppression des écoles Annamites de caractères chinois, les élèves ne savent plus ni français ni caractères. Il serait bon même que dans ces écoles Annamites nous entretenions un professeur de quoc ngu et de français qui mettraient les élèves en mesure de subir les examens nécessaires pour occuper les fonctions d'interprète ou de lettré.

Pendant encore de longues années, nous devrons maintenir les examens provinciaux pour l'obtention des grades de licencié et de bachelier, en augmenter la valeur et l'utilité réelle en exigeant dans les concours la connaissance de nos principes de droit, de nos sciences mathématiques.

C'est ainsi que nous préparerons pour l'avenir des fonctionnaires instruits et capables de nous seconder, et que nous éviterons de tomber dans cette faute de nommer aux fonctions de *Phu* et de *Huyen* des anciens boys qui, par leur inconduite, leur ignorance, ont profondément froissé leurs administrés.

Nous croyons que, pour arriver à mener à bonne fin une pareille entreprise, le concours des missionnaires du Tonkin nous serait fort utile.

M. le Commissaire général Harmand avait obtenu de l'Évêque du Tonkin la création d'un collège de cent élèves, choisis sans aucune distinction de religion, moyennant une subvention de 30.000 fr. par an. Malheureusement les événements empêchèrent la réalisation d'un projet qui, mis à exécution, il y a deux ans, nous donnerait aujourd'hui des résultats appréciables.

PROJET DE BUDGET POUR LE TONKIN

Il ne nous reste plus pour terminer ce travail encore fort incomplet, qu'à énumerer les revenus qu'une sage administration du Delta pourra nous procurer, et les dépenses que nécessitera notre occupation.

RECETTES

IMPOT PERSONNEL

Le nombre des inscrits des 11 provinces du Delta s'elève à 530.711, d'après les chiffres donnés par les Notices Coloniales publiées par le Ministère de la Marine pour l'Exposition d'Anvers. Cet impôt pourra, dans deux ans, produire près de 10 millions (1/5 de la population à 5 fr.)

(530.711 inscrits à 8 fr., dont 2 d'impôt personnel proprement dit et 6 pour l'entretien des milices)   4.245.688

PRESTATIONS

Rachat des prestations en nature (1 fr. par journée, 48 journées pour 530.711 inscrits)......   2.547.688

IMPOT FONCIER

D'après les Notices coloniales, 850.000 hect. sont cultivés en rizières, et...... 150.000

en cultures diverses, soit....... 1.000.000

à 4 fr. 50 l'hectare...........................   4.500 000

On peut affirmer qu'actuellement plus de 3 millions d'hectares sont cultivés dans le Delta. Cet impôt pourra donc produire avant peu 15 millions.

DOUANES

Les recettes opérées depuis le 1ᵉʳ janvier 1885 font espérer un revenu de 4 millions; en y ajoutant le produit des exportations de riz nous pouvons, pour 1886, prévoir.....................   8.000.000

FERMES D'OPIUM ET D'ALCOOL

En Cochinchine, pour 1.500.000 habitants, la Régie d'opium et d'alcool donne un chiffre de recettes s'élevant à 9 millions, soit 6 fr. par habitant. En supposant que l'habitant du Delta ne consomme que le quart, soit 1 fr. 50, et ne comptant la population qu'à 10 millions, nous pouvons être assuré d'une recette d'au moins 15 millions, ci............................ ...   15.000.000

IMPOTS DIVERS

Salines....................	1.000.000	
Bois et forêts..............	300.000	
Résine, huiles de bois, de coton cire, miel, nattes, plumes d'oiseaux	100.000	
Concessions et aliénations de terrains domaniaux.	1.200.000	2.600.000
Enregistrement et domaines (législation française, législation indigène)......................	600.000	
Adjudication des pêcheries....	400.000	
Patentes (50.000 patentables à 25 fr.)..	1.250.000	
Postes et télégraphes	200.000	
Capitation des Chinois et autres Asiatiques....................	2.500.000	4.950.000
Total des recettes....		41.843.100

Par les augmentations dont nous avons parlé, nous pouvons facilement prévoir pour les années suivantes un rendement de plus de 50 millions.

DÉPENSES

TROUPES EUROPÉENNES

15.000 hommes à 1.400 fr., déduction faite de ce que coûte un homme en France	21.000.000

TROUPES INDIGÈNES

30.000 soldats indigènes à 300 fr. (prix de revient d'un milicien en Cochinchine)	9.000.000

PERSONNEL CIVIL

Administration, douanes, postes et télégraphes enregistrement, justice......................	8.000.000

TRAVAUX PUBLICS

Constructions de fortins, blockhaus, casernes, etc., etc.................................	10.000.000
Total des dépenses ...	48.000.000
Total des recettes.....	41.843.100
Déficit...............	6.156.900

Il reste donc un déficit de 6 millions 156.900 fr. à combler par la Métropole pendant la première et la deuxième année de notre occupation.

———

RÉSUMÉ

Exercice du Protectorat sur le Cambodge et sur l'Annam proprement dit.

Installation d'un Résident à Hué avec une garde suffisante. Création de voies de communication.

Maintien des institutions actuelles de la Cochinchine.

Occupation du Tonkin limitée aux provinces du Delta, en y comprenant le Thanh-hoa, le Nghean et Hatinh.

Formation d'une zone frontière exclusivement soumise à l'autorité militaire.

Administration directe des onze provinces du Delta. Substitution des fonctionnaires Français aux mandarins Annamites.

Un Gouverneur-Général de l'Indo-Chine à Saïgon, capitale.

Un Lieutenant-Gouverneur à Saïgon.

Un Directeur des affaires civiles et politiques à Hanoï.

Dans chaque province : un Résident-inspecteur secondé par un Résident chargé de la justice ; un Résident chargé du service des impôts, des troupes Indigènes provinciales, et le personnel nécessaire à l'installation des divers services : Trésor, Douanes, Postes et Télégraphes, etc.

Maintien des divisions administratives actuelles.

Maintien des phus et des huyens.

Maintien de la commune Annamite.

Paris. — Imp. Balitout et Cᵒ, 7, rue Baillif.

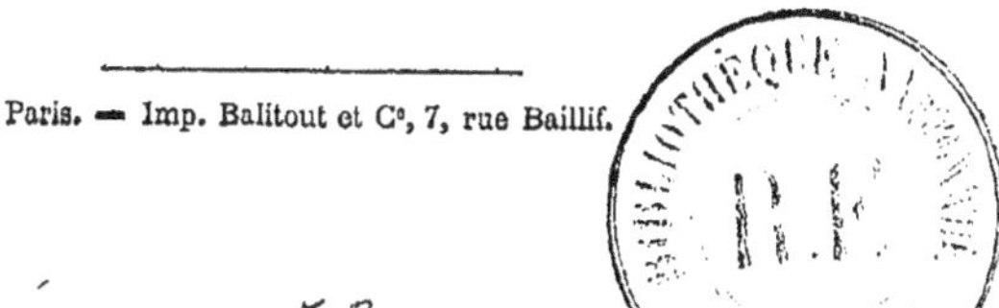